Makaweres fer Unempfindliche
Copright by Wolfgang Käser
Herstellung und Verlag
BoD - Books on Demand, Norderstedt
ISBN : 9 783739241340

Inhaltsverzeichnis:

Ich hab jo nimmi soooooo lang	Seite	4
Dem Pitter soin Dood		8
Die Truerredd		10
E Dutt wo e Dittl gelangt het		14
De Hicks		17
De Karl un de Petrus		20
Rechts frei		24
De Leicheschmaus		29
Die Selbschmörderin		33
Des Jubiäum		34
Friedhofstraatsch		37
Dande Lissl		41
Doodesazeige		42
Bember hämmer zuem gsaat		44
Drei Johr		48
En Schbaziergang iwwer de Friedhof		49
Daachesmeldunge		52
Soin letschder Wille		53
Mil e bissel rhoilännisch		59
Schdandhaft		61
Moi Beerdischung		65
De dridde Sarg		67
Wer des alles gschriwwe hot		72

Ich hab jo a nimmi sooooooooo lang

Also iwwerleg ich mir so, was soll ich mache-- odder noch besser, was machen die Annere. ?
Fer alles gibt's heidzudaach Vorsorge, fer alle mögliche Krankheide. Bei uns äldere Männer is die Proschdada, genannt Haferundfahrt sehr beliebt. Awwer Vorsorge fer de Dood ? Do gibt's blos ääns: Länger lewe. Wann ned hodmer Besch ghatt. Die meerschde Leid schderwen jo krank un trotzdem kammer in de Danksachunge lese, dass manche Agehörische dem behandelnde Dokter fer soi Leischdunge danken, !!!
Ich verschdeh des ned. Wann ich zum Frisör geh hawwich die Hoor gschnidde, awwer is schunemol änner gsund vum Dokter kumme? Ich hab zu moim Dokder gsaat, „pass uff moin Freund, Du verdienscht an mir blos so lang wie ich leb. Also gebder Mieh - verschdanne"?
Un wanns zu Ende geht, brauch ich dann a e Iwwerweisung zu emme Beschadder ? Abrobos Beschdadder: De Peter Wilhelm, Beschdadder un Journalist hot des Buch gschriwwe: *Wer zu uns kommt, hat das Gröbste hinter sich.*
Des hawwich zwa noch ned ganz, awwer erkundische derfmer sich jo mol also geh ich hie un frooch mol ganz uverbindlich, was der mid mir

mache deed.   Also bin ich zu em hie un hab zu dem Mann im graue Azuuch gsaat: „ Herense mol, agenumme ich weer mol dood, was deeden Sie dann mit mir mache ?"
„Einen Augenblick bitte, Frau Sounso wird sich um Sie kümmern" Wie ich die Fraa Sounso gseh hab, hawwich als cleverer Pälzer sofort begriffe, dass des e Verkaafsstradegie is.
Kummt e Fraa in den Lade, werdse vun dem schdaddliche Chef bedient. Is awwer en Mann de evenduelle Kunde, werd die Fraa an die Front gschickt. Zirka 35 Johr, e gud gfilldi Blus un en ned zu lange Rock. Awwer do hot doch kenn Mann Luschd zu schderwe, !
Uff moi diesbzieglichi Frooch, wann des doch bassiere deed, hodse gemäänt:" Mache Sie sich kä Sorge, des is vollkomme schmerzfrei" Un dann hodse so uffgezehld, was ich fer Meglichkeide hed. Jetz erschd hoddse mich gebede, mich zu setze. Ich hab nämlich wo ganz annerschd hiegeguggt als wie in ihrn Katalog.
Sie hodmer dann en scheene Sarg gezeigt, innedrin schä ausgeleggt mit so wääsche Kisse un Discher. „Wissense", hotse gemäänt, „ e bissel Komfor will mer jo in soim letschde Wohnsitz hawwe un dodrin liggd mer johrelang uffem Rigge ohne dassmer Druckschdelle griggt." Dodezu deedse mir abiede, weil ich so en nedde Mann weer, noch e besonders

schänes Doodehemd je nooch Wunsch mid un ohne Kraache. Un wann ich mich ned glei entscheide wolld, kennt ich des a onlein beschdelle so unner www. Jetzbischdedood.de Manchmol heddense a e paa Reschdposchde, die verkaafense, meischd im Summer, wann die Leid in Urlaub sin uns Gschäft ned so guud laaft.

„Wannse also im Summer schderwe deeden, hännse jede Menge Verginschdischunge." Weil ich do vielleicht e bissel ubegreiflich geguggt hab, hotse mer erklärt: „A des is doch ganz äfach, setzen Se halt im Friejohr Ihr Tabledde ab."

Ja un dann gebs do jo a noch annere Meglichkeite mid de Beisetzung. Des is jo so e komisches Word. Mer werd doch nirgends wo dezugsetzt.

„Eine Seebeschdaddung mit freier Atlantikwahl" hodse gsäuselt, wahrscheinlich werd do genuch dro verdient, „wär a empfehlenswert."

Des hawwich dann nadierlich als johzehndelanger fehement iwwerzeigder un a total begeischderder Nichtschwimmerschbordler abgelehnt. Ja, ob ich selwer ned e paa eigene Winsch hed,

"Ooch", hawich dann gsaat, „eigentlich wolld ich jo verbrennt werre."

Des deed nadierlich a geh, awwer warum dann des?

„Des is bragdisch", hawich gsaat, „ich kumm sowieso in die Höll un do kennt ich mich glei an die

Hitz gewähne". So is des noch e zeitlang gange, ich hab mache kenne was ich wollt, ich bin immer noch doo, awwer wie oigangs gsaat Ich hab jo nimmi soooooooooooooo lang.

Hald ! Ääns noch. Was die Leid bei de Trauerfeier fer e Lied singe sollten , hotse mich noch gfroocht, ob ich en besondere Wunsch hed.

Hajo, die sollen uf mich singe:

Er wa en echte Pälzer Bu,
de stärkscht vun unsre Gass,
hai, wer die Pälzer Buwe kennt,
des is e edli Rass'
Wers heere will :

https://www.youtube.com/watch?v=sFSHx0evB2Y

Dem Pitter soin schennschde Dood

Der Pitter liggt ausgerechnet am Rosenmontag im Schterbe. Un dann sowas in Köln! E schlimmeri Schdroof kanns ned gewe awer der Pitter nimmts gellosse.. „Es kütt wie es kütt", denkt er bei sich und Angscht verspürt er a ned. „Es is schun immer gudgegange".

Also macht er kä groß Gedöns. Während uff de Schdroos de Rosenmontagszug vorbeilaaft, wääs die ganz Verwandtschaft net, wie se sich verhalte soll. Die Wohnung ist voller Leit. Es hot ja känner wisse könne, dass de Pitter am högschte Kölner Feierdaach soi Lewe aushaucht.

Schun ein halwes Johr vorher wa die Wohnung ausgebucht.

Mer muss wisse, wer in Köln am Weg vum Zuuch e Behausung in der 2. oder 3. Etasch hot, laad Gäschd oi, die aussem Fenschder gugge derfen. Gege Bezahlung selbschtverschtändlich. So ganz trocken geht's dodebei a ned zu. Die Schtimmung schwappt schunnemol iwwer. Ausgerechnet heit macht de Pitter schlapp. Sie wolldenen schun in die Abschtellkammer schiewe, aber de Pitter is mit all seiner noch vorhandene Energie degege. Er will unbedingt nochemol ans Fenschter und de Zuuch sehe. Also erfillt mer ihm soin Wunsch, setzten in soin Lehnschtuhl und schtülpt ihm soi geliebte Narrenkappe uff. Wer dann genau hieguggt, kann erkenne , dass em Pitter ab und zu e Trän iwwer die Bagge laaft.

Die Karnevalischte uff de Feschtwägge, die wo ihn am Fenschder ekenne , winkenem zu.

„En schännere Dood kann ich nicht ned hawwe" denkt sich de Pitter.

Als de Prinzewache vorbeifahrt , hebder leicht de Arm und haucht soi letschdes „Alaaf".

Soi ganz Lewe wollter ämol Prinz werre, des Geld dezu hot awwer nie gelangt. Noch neddemol zum Bauer odder de Jungfrau hots gereicht. Er wa Gardeoffizier und hot dort bei de Sitzunge mit uffmarschiere derfe.

Jetzt sitzter er unner all denne fremde Leit am Fenschder vun seiner Wohnung. Als uff de Schdroos das Lied vum Jupp Schmitz erklingt, „wir kommen alle alle in den Himmel" singt de Pitter leis mit und schlooft dann friedlich oi.

Die Trauerredd

De Blimmel hod an soim Lieblingsplatz schderwe derfe. Ganz so wie er sich des gewinscht hod, Odder a nett ! An de Thek ! Jedenfalls ned weid devun, nämlich am Schdammdisch. Un heid soller dann beerdischt werre.

Do sinse doch dann all zumerkumme vun unserm Schdammdisch un hänn gemäänt, so hännse gsaat, unserem verschdorwene Schdammdischkamerad hedd doch kä Trauerredd gewolld, so mid Parrer, Messdiener un langweilischi Orgelmusik .

Awwer nadierlich irgendääner missd doch an der Schdätte des Trauerns, wie se sich ausgedenkt henn, was saache.

Er hedd jo kä Ogeheerische mehr un die paa, die wo er noch hot, deeden sowieso nimmi guud heere. Ja … un ich weer dann doch grad de Rischdisch ! Hinnerher deedense mer soga e paa Bier bezahle, mehr weer jo moi Dummgebabbel a ned wert.

„ Jo", hawwisch gsaat, wann ich schunnemol e paa Schluck Vorschuss hawwe kennt, deed ich des mache. Des hawwich so oft widderholt, bis de Werd reagiert hot.

Ja un dann was soweit.

Ich hab moi Kapp uffgsetzt, moin weisse Schal umghängt , hab uff die Urne geguggt un gsaat:

Liewer Kamerad, johrelang hoschd bei uns gsesse

un jetz missen mir Dich allää beisetze.
Sis draurisch fer Dich, awwer fer uns isses guud, jetz brauchemer nimmi so eng zusammerigge am Schdammdisch.
Mir traueren ned um Dich, mir hännder noch nie getraut.
De Äänzisch, der um Dich trauerd is de Werd.
Sgibt Leid, die behaupten jo, die Guten schterwen zuerscht.
Du kannscht beruhischt soi, Du kehrschd do ned drunner- Abroüos drunner. Soweit wie Du runnerkumme bischd in doim Lewe , viel weider geht's jo gaaned. Noch knapp änmederfufzisch un Du hoschd Doi Ziel erreicht.
Un jetz muss ich den sogenannde Zuuch verzehle, also so vun de Geburt bis zu Schderwe. Des macht en Parrer a so.
Also: Liewe Leid, die Ihr do seid---liewe zahlreiche Nichterschienene.
Mer hod vun dem Doode schun zu Lebzeide net grad vun emme Inteligenzbolze redde kenne wammer iwwer ihn gebabbelt hot, hodder doch schun in de Volksschul dreimol die Vertklass mehr odder wennischer erfolgreich beschdanne.
Ned ganz gscheit derf mer jo heid nimmi saache. Des hääst jetzert : Der geheert zu ännere benoochteiligde Bildungsschicht.
Er hets verdient ghatt, dasser was lerne gederft

hedd. Dodraus is nix worre. Awwer schaffe kenne un in gewisse Weise clever warer doch. Un bei de Verkehrsbetriewe hodders bis zum elektrische Schdroosebahnschaffner gebrocht.

Un alses den Beruf nimmi gewwe hot, hodder sich mid so emme Briefdauwehannel selbschdändisch gemacht . Morgens hodder die Viecher verkaaft – un owends warense widder do.

Mid solche Unnernehme hodder sich durchs Lewe gschlache Un zum Schluss hodder sogar en Brennholzverleih uffgemacht ghat.

Verheirat warer zwischdurch a mool. Do warer so um die Verzisch. Soi Fraa wa in jingere Johre meischdens uffm Dorfschdrich unnerwegs. Shot kaum en Borsch gewwe , dem wo se ned aus de Pubertät gholfe hot-

Die wa dodebei soga fleissisch, wann die mid fimpfedreissisch gschdorwe weer, hedmer se imme dreieggische Saag beerdische misse, weil mer die Bää nimmi zammegriggt hett.

Shbeeder dann sinse widder gschiede worre.

Wann ich jetz so vor Dir schdeh liewer Kamerad, kann ich blos saache, doo bischt... hie bischt … gschiede bischt...

Liewer Dohiegschiedener, mir do all hänn uns alli mögliche Müh gewwe, Dich verbrenne zu losse.

Swar sehr schwieisch, weil Du zu Lebzeide selde drogge waascht .

Awwer des waren mir vum Schdammdisch Dir schuldisch, weil sich Doi änzische buggliche Verwandte geweigert hot, die Beerdischung zu bezahle. Der hod gemäänd, mer sollden ned so e Gschiss mache .

E Seebeschdaddung durch die Kloschbielung deht reiche.

Un schuldefrei bischd jetz a... mir hänn beim Werd Doin Bierdeggel geklaut un glei midverbrennt.

Dem Werd hämmer verzehlt, Doi letzschde Wordde, bevor vum Schduhl gfalle bischd, wären gewese. „ Ich geb noch e Runde aus". Un des hodder Dir jo schwer abschlache kenne. Un zum Schluss lossder vun mir noch ääns saach liewer Schdammdischkamerad:

Vun unsere Dummbabbler warschd Du gewiss de Gröschde. So ruf ich Dir letzendlich zu.

Machs gut Kamerad --- leb wohl !!!

E Dudd, wo e Diddel ned gelangt hett

Drei legger Määdche, wiemer im Rhoiland saacht, henn uff de Kö in Düsseldorf en Bummel gemacht. Dort laaft mer rum, um ebbes zu seh un a gsehe zu werre. Die Lääde dort sin meischdens leer , blos deiere Sache in de Schaufenschder . Die selwe Klamodde kanschd in deVororde billicher kaafe, des wissen die Leit dort all a.

 Un die foine Leid kummen sowieso in die hinnere Regione zu persönliche Beradunge.
So en Bummel schbielt sich meischdens blos uff ännere Schdrooseseit schdatt. Do sin nämlich die ganze Luxusschubbe fer was A-un auszuziehe, Schmuck un Möwelgedöns. Uff de annere Seid sin alle grosse Banke vertrede. Damit mer sich ned verlaaft is die Kö durch de Schdadtbach gedrennt, mer muss also iwwer die Brigg wammer Geld braue duud.

Ja , un wann drei Dame do entlang laafe, werd viel geguggt un viel geschwätzt. Zudem die Äänt e Vieh was emol en Hund werre wolld debeihot. So en klänne denmer in die Handdasch schdegge kann un der iwwerall rumkläfft un nix verboode griggt . Manchemol isser a gedraache worre un manchmol uffm Arm midgschlebbt worre. Des Hundche wa schun e bissel älder un hod nimmi so gewollt. Un wie die Herrin mol widder durch e Schaufenschder gfesselt wa un sich dodenooch nooch ihrm Liebling ungeguggt hot, war der ganz schdeif uffem Bode gelegge un hot kenn Mucks mehr gemacht.

„Ach Gott, ach Gott ", was hoddse do gejammert, woraus mer lernen, dass de liewe Gott soga fer die Hunde herhalde muss. En Hund is hald a blos en Mensch. Kurzum : Muttis Liebling waa dood.

Jetz was jetz mache ? Die annere Leid henn schun geguggt. Korz entschlosse is die Ännd vun denne drei nedde Dame innen Laade, wo deiere Pelze ausgschdellt waren un hod gfroocht, obse ned e groosi Dudd hawwe kennt, obwohl jo fer des Hundsche e Didddel gelang hett.

Nooch e bissel Hie un Her hoddse so e Dudd mit Firmeuffdruck griggt, is aussem Gschäft, hod den doode Hund gschnabbt un en in die Dudd verschwinde losse.

Nooch der ganze Uffregung hänn die drei Dame beschlosse, noch en Cappuccino un ä odder zwää Schdiggelcher Kuche zu sich zu nemme. Middeme Konjäggel nadierlich. Un noch e Konjäggel Die Dudd hännse newer sich uff de Bode gschdellt. Un do jo die Fraue ned allää uff de Klo gehe kennen, sinse hald alle drei gleichzeidisch gange. Un wiese widder zurigg kumme sin, oh jewa die Dudd weg.

Geklaut!!!. Vumme Dieb, der wo gemäänt hot, in de Dudd weer so was Wertvolles drin, weil jo de Firmename druffgschsdonne hot.

Des is genau so odder so ziemlich ähnlich wirklich bassiert .
Un die Moral vun dere Gschicht. : Bass uff, dass mid ännere zu grosse Dudd ned uff de Hund kummschd.

De Hicks

Er hedd jo ganz gern gewisst, wie er gschdorwe is. Er, des is, nä .. des wa de Hicks.
Hicks hoddmern genennd weiler schun in de Schul immer de Schluckser griggt hot wanner uffgeregt war. Eigentlich hodder Klaus Peter un nochwas ghääse. Awwer des indresssiert jo dohin känn Mensch gell ?

Jetz liggder wie er määnd, völlisch nutzlos im Sarg rum. Die Kischd is so eng, dasser immer uffem Buggel ligge muss. Un uffem Buggel hodder noch nie schloofe gekennt.
Er hot immer uff de recht Seit gschlofe . Na un jetz des ! Un Daach werds a ned dohin , sis schdoggdunkel. Awwer ganz erschdaund mergder, dasser sich neddemol ärgere kann. Frier hedder gschend wie en Rohrschbatz. Awwer dohin un drumrum is alles friedlich. Komisch, er fiehlt sich leichd un zufriede. Vorem Schderwe hodder noch nie Angschd ghatt. Un jetz isser dood. Awwer er hod sich getröschd.: Wann erschd dood bischd, bischd uschderblich.
Wassem kä Ruh losst is, wies soweid kumme is. De Parrer hod in soiner Preddischd gsaat, er deed mid de Agehörische fiehle , weilse so en guude Mensch

so pletzlich gange is. Na ja, denkt de Hicks, viel Agehörische hawwisch jo net un fer en so guude Mensch hawisch mich sicher blos sewlwer ghalde. Wahscheinlich babbeld de Parrer immer des selwe wann änner unner die Erd kummt.

Uff ämol hodder gemergt, do bewegt sich was. Er hod des Gfiehl ghabt, er weer im Fahrschduhl un deed schdundelang abwärts fahre. Un mid jedem weidere Meder isses wärmer worre. Er hod afange zu schwitze un hod gemäänd er hed hohes Fiewer. Uff ämol is de Deggel uffgschbrunge, ummenrum sin lauder wilde Gchdalde rumghuppst.

E paa vun denne henn Mischdgäwwwel in d Hand ghat, un scheinba de Owwerschde vun denne wa de Chef, der hot soga noch Herner scheinbar als Dienschtgradabzeiche am Kopp ghatt. „Na alla", hod de Hicks gedenkt, „des mist jo middem Deiwel zugeh, wann des jetz ned die Höll weer" „Kennt ich vielleicht was zu trinke hawwe?", hodder denn mid de Herner gfroocht. „Awwer nadierlich, mir hänn do hunne en viel bessere Gliehwoi wie uff alle Weihnachtsmärkt zusamme"

„Ja- un was gibt's zu esse ?" „ Bei uns do hunne werd gegrillt uff Deiwel kumm raus " Na, ja, hod de Hicks sich gsaat, ich hedds schlechder treffe kenne. Awwer äns wollder noch wisse: „Un wie isses mid de Dämcher do hunne, sin e paa wilde Weiwer unner denne ?"

„Nadierlich, mir henn jedi Woch de Ball der brennende Herze"

A des is jo Klasse, wann des moi Aldi wisst, die deed sich jo im Grab rumdreh un dodebei hodder seelisch gegrinst.

„Was grinschden so" hodder uff ämol soi Kaddel geifere gheert.

Sie hodden kräfdisch durchgschiddelt, „ mach dass ausem Neschd kummschd, kannschd im Hof Holz hagge, dohin is kalt wie im diefschde Winder"

Un die Moral vun dere Gschicht: De schennschde Draam kann der ned die Höll uff Erde erchbare.

De Karl un de Petrus

De Petrus hoggd zu nachtschlofener Zeid vor de Glotz, deest in soim zu enge Himmelsschduhl vor sich hie un is grad am Oischloofe, do kloppts wie verriggt an de Tier. „A Kreizgewiddl, wer kommt denn noch um diese Zeid ?" Er zieht soi Schlabbe a , schlieft langsam enaus un guggd dann durch de Durchblick, durch den dann immer durchguggd wann änner klobbt, um zu sehe wer des is odder soi kennt. Hedder kä Guggloch ghatt, heddem de Durchblick gfehlt un des geht jo in so ännere wischdische Posizion jo net.
So froochder den Akömmling: „ Sagt an, was ist Euer Begehr?"
Drausse schdeht änner, der wedeld wie wild mid de Ärm un kreischt: „Mach endlich uff, ich frier mer dohaus de Asch ab!"
„Na,na,na Halt oi gemach, gemach", seggd de Hausherrschdellverdreder, „ wo bleibt dann Eure Höflichkeit ?- Kennt Ihr nicht das Wörtchen mit den zwei t ? „ Nadierlich diu ich des kenne, mach endlich uff, awwer flott"
De Petrus hod jo schun viel Leid kumme un ganz wennich widder gehe seh. Langsam drehder de Schlissel rum un machd die Dier uff. Un schun hodder de Ellebooche vun dem Oidringling im

Bauch. „Ja was glabschdn dann Du, ich hab moi Uffnahmegebiehr un moi Wohnrecht moi ganz Arweitslewe in Form vun Kercheschdeir bezahlt , ich war zwäämol jedes Johr in de Kerch un jedesmol hod de Herr Parrer verzehld, do howwe deedmer willkomme soi"

„ Da hat der Gute Recht getan, mein Sohn, vor dem Herrn sind alle gleich und somit ist jeder willkommen... fast jedenfalls. Nun gib Auskunft über Deinen Namen und Herkunft"
„ A ich bin de Karl vun de Palz"
„Oh, Du bist schon einige Zeit hier registriert, wir haben Dich schon lange erwartet. Woher kommt die Verspätung?"
„Na ja," seggd de Karl jetz schun versöhnicher, „ eigendlich hedd ich jo Afang Juni abdrede solle, des hod sich awwer verzögert, weil ich ubeding noch des schbannende Endschbiel vun de Fussballweldmäschderschaft gugge wollt. Un wies dann soweid wa, hennse mich middeme so grosse schwaze Audo noch irgendwohie gfahre"
„ Ja, ja mein Sohn", seggd de Petrus güdisch, „ der Weg in unser Paradies beginnt mit dem Leichenwagen"
„Na ja ",, seggd de Karl" ich wolld hald e bissel schneller doruff, awwer in Zwäbrigge is kä Fluchzeig mehr gange, bei dere Bahn hänn die

Loggfiehrer un bei de Lufthansa die Pilode gschdreigt. Un dann hod die Fraa vun moim Navy uff de Milschschdroos noch gsaat: „Sie hätten vor zwei Strassen rechts abbiegen müsse" Unnerwegs wolld ich dann nochem Weg frooche , awwer die zwäesiebzisch verschleierde Jungfraue, die do scheinba uffn Mann gewaad henn, henn kä Deitsch gekennt. Dann is do so en Bayer rumgeirrd, der hod mer verzehld, er weer nooch faschd hunnerd Johr ausem Hofbräuhaus gflooche, weiler immer Hosianna, Halleluja un so wildes Zeigs gschrie hed, wanner e Mass gewolld het."

„Du Armer", seggd de Petrus midleidisch, „ das war führwahr ein beschwerlicher Weg."

„ A des is noch ned alles" schdell Der vor, do is irgendwo änner namens Vulkan ausgebroche, den hawwense dann nimmi gfunne weil alles voller Newwel wa, en Sadelit hot dann Mitleid mid mer ghatt un hod mich e Schdigg midgenumme, awwer des hod nix genitzt, weil der immer im Kreis rumgflooche is un middem Komed was a ned besser, der is dauernd abgschweift. A e paa junge Mädelcher in korze Hesselcher un naggische Ärm mid Fliggel hänn mich agemacht. Awwer do haddich jo schun uff de Erd genuch Erfahrunge gemacht un hab gsaat: *schafft Eich zum Deiwel !* Oh Entschuldischung, des ismer jetz so rausgfahre. "

„Und wie hast Du letztendlich hierher gefunden"?
„Des wa dann ganz äfach. Ich hab den Goggel getroffe, dem Du vor zwädausend Johr de Kraache rumgedreht hoscht, weiler dreimol gekräht hot und a noch änner , der hod vor zwäädausend Johr mit Dir geangelt. Die hämmer dann gsaat ich soll äfach aklobbe. „
„Dann sei willkommen mein Sohn, Du sagst Du kommst aus der Pfalz. Wie sagt man denn dort, wenn jemand ablebt ?"
Jo, do hämmer verschiedene Ausdrick:
Der hod de Löffel weggschmisse odder der hod die Hack rausgemacht, odder der hot ins Gras bebisse, odder a, der kann sich jetz die Radiesle vun unne agugge"
„Aha, ich sehe, Du kennst Dich aus. Hast Du noch einen Wunsch ?"
„A ich wääs noch ned genau, ob ich jetz dohowwe bleiwe will"
 „Aber warum denn, hier wird Dir jeder Wunsch erfüllt, was ist Dein Begehr ?"
De Karl iwwerleggd ned lang: „Ich deed jo dobleiwe
Wann in dem groose Himmel blos e kleeniWerdschaft weer."

Lied Kurt Dehn
https://www.youtube.com/watch?v=sFSHx0evB2Y

Rechts frei

„Rechts frei" des waren die letschde Worde vum Generaldirekter Klugscheisser.
Normalerweise sitzt der Herr hinne im Fond un am Schdeier sitzt soin Schafför. Awwer heid war e Ausnahm, er gönnte soiner Gemahlin ein Owend in de Oper. --Fer denn unner Eich, der wo noch nie in de Oper waren, sollen mol in des demneggschd erscheende Bichl „Dummgebabbelt is glei" gugge.

Ned, dass des unsern jetziche Doode besonders indressiert hett, was do uff de Biehn bassiert, er wolld halt soiner Fraa gönnerhaft diesen Abend schenken, wie er sich ausgedriggt hot.
Un weil er selwer tagsiwwer gschdresst wa, hodder soi Fraa ans Schdeier gelosst. Un weiler wie faschd alle Männer vun soiner Fraa ihrer Fahrkünschde ned grad in Begeischderung ausgebroche is, hodder dann so Sätz losgelosst wie „
„Du muschd jetz schalten Liebling un Du muschd jetz blinke, mein Shatz Du sollschd jetz uffblende verdammt nochmol.
Un nooch ähm Johr hodse sogar in de zwätte Gang schalte dirfe.
Un ewe hodder gsaat ghat. „Rechts frei" Dasser wie meischdens urecht ghat hot, hodder nimmi

gemerkt.
Un ihre, die blos leicht am Arm verletzt wa, sinn im Schock ganz komische Gedanke durch de Kopp gange, zB. Hurra jetz bin ich Witwe odder wenn muss ich jetz all zu de Beerdischung oilade,
odder Kenn ich vieleicht die Geheimnummer vun soine Kreditkaat ?

Un dann issere oigfalle, dasse jetz traurich soi misst. Awwer so richdich is ihre des ned gelunge.
Wie des bei Genraldirekters halt so is, hod in de Zeidung e ganzseitische Todesazeig noigemisst. Iwwerregional nadierlich. Owwwedriwwer en sinnliche Schbruch ugfehr so:
Der Iwwermächtige hot ihn inmitten aus soim letschte Verkehr gezogen. Unn dann halt de Name mit Titel ganz gross un unne de Hieweis , dass schdadd Blumme in die Vas , Geld in die Kass kumme sollt als Schbende fer en wohllischdiche entschuldigung fer en wohltätische Zweck.

Dann sin in de folgende Daache noch Azeige erschiene, vun dem un dem Verband, vun de Partei, vun verschieden Vereine un jeder hod debei gehofft, dass vun de Hinnerlassenschaft a ebbes in ihr Kässel fliesse deed.

Un am Daach vun der Beerdischung sinn en Haufe

Leid dogewese, mer hot fer die Leid, die wo drin kenn Platz merhr griggt hänn vor de Leichehall Lautschbrecher un e Leinwand uffgschdellt. Leichevieuing sozusaache.

De Parrer hot gsaat, der Herr hots genomme – womit er jo de Herr Generaldirekter gemäänt hawwe kennt , dann der hot so alles oigschdegt wasser raffe gekennt hot - und de Herr hots gegeben, wobei er mit Sicherheit net de Herr Generaldirektor gemännt hot.

Die Witwe hod ned greine kenne un hod die Händ vors Gsicht ghalde un gelacht. Des hoddse bei de Schauscbieler abgeguggt. Des hod dann so wie e rischdiches Schluchze geklunge

Un doonooch is die ganz Bagasch naus zum Grab geloffe. Fer die Dame un die annere Gebrechliche hodmer Schdiehl uffgschdelld , ned, dass noch änni ins Loch gfalle weer.

Un dort sinse dann all zu Wort kumme, die Verbandsvereinspateievorsitzende.

Manche henn jo vorgferdischde Trauerredde in ihre Schublade, do mussmer blos de Name ausdausche.

Fer annere braucht mer jo blos die Loweshymne bei Jubiläe vorhole , die brauchtmer dann blos zu ergänze.

Un manche schdoddern hald a mol e bisselrum un verlieren die Kontroll.

Zu denne hod de Herr Blümlein geheert, seines Zeichens schdellvertredender Fraktionsbeisitzer im Ortsbeirat.
„Liewer Dooder wannd mich jetz heere kennschd deed ich der saache dass mir zwä ganz verschiede waren un jetz bisch Du ganz allä verschiede."

De Schbarkassedirekder hod soim Kolleg vun de Volksbank leis ins Ohr gsaat.
„Letscht Woch war er noch unter uns und jetzt ist er gleich unter uns.."

De Landwirtschaftsminischder wolld sich besunners hervordu un gemäänt:
„ Liewer Dohiegegangener , es war noch viel zu früh für Sie, sich vom Acker zu machen, ins Gras zu beissen und die Radieschen von unten zu bestaunen, wenigstens die Weinlese hätten Sie noch abwarten können."

Der vun de Telekom, bei denne de Generaldirekder im Vorschdand war, hot gemäänt, den Doode breichtmer jetz nimmi azurufe, er hedd fer immer uffgelegt.

Un de Abgsandt vum Arbeidgeberverband hot sich geäussert, dass der Nunvonunsgegangene eine grosse Lücke hinterlassen hätte, ein Lücke, die wo

er nie ganz ausgefüllt habe.
Un de Gsangverein hod di falsche Note debeighatt un hot gsunge:
Die Getränke sind frei – wir wolln einen heben
Wer immer es sei – der Spender soll leben
Un dann sinse allmitnanner zum Leicheschmauss un do hot de Personalrat abschliessend des Wort ergriffe un gsaat.

„Chef, für uns werden Sie immer in Erinnerung bleiwe, ja noch mehr, jetz wose dood sin, sinse fer uns unschderblich ."

De Leichemaus

Es geheert sich jo, dass mer zu de Beerdischung geht, wann änner odder änni, die oder den mer gekennt hot, gschdorwe is. Vorraussetzung is allerdings, dass mer ned selwer vorher des Zeitliche segend.
Beim Knorrer, so hämmern genennt, weiler immer was zu meckre ghat hot, wars jetz soweit. De Sensemann hodden im gsegnete Alder vun ich wääs nimmi abgholt. Wammer uffem Dorf wohnt, schbrischt sich des jo schnell rum
Er wär ganz schdill oigschloofe, hot die Müllerin de Kaddel vun newedra verzehlt, so als wannse selbschd debei gewese weer, die Müllerin.
„ Er wa fschd bis zuletscht hellwach", verzehlt die Kaddel de alläschdehende Fraa Dörflinger, so als wannse selbscht debei gewese weer, die Kaddel.
„Er muss ganz schregglich gelidde hawwe", hod die Fraa Dörflinger meiner Frieda verzehlt, so als wannse selbschd debei gewese weer, die Fraa Dörflinger. Moi Frieda, a ned unedingt faul am Weiderbabble, hot dann ihrer Kusine, die wo gleichzeidisch ihr beschdi Freundin is, also de Klappers Kätsche unner dem Siegel der Geschwätzischkeit verzehlt, de Knorrer hett sich nochmol rischdisch uffgebäumt, grad so, als

weerse debei gewese, moi Frieda.

Wie sichs gehhert, bewegemer uns all zu de Grabschdell. Un uffem Weg dohie määnt die Schweschder vun dere jetzische Witwe zu meiner Frieda, mir weeren zum Leicheschmaus oigelade, des deed sich jo bei guude Bekannde ned vermeide losse.

De Herr Parrer verzehlt soin iebliche Schmarre vun emme ach so guude Mensch, der nun vun uns gange soi, liest e paa Psalme und vorbei waas.

De Karl, de Bimbes un ich hänn uns glei devun gemacht in die Kneip. Des Kaffeegschwrr werd erschdemol uff die Seit gschowe, dann bis die Witwe kummt vergeht noch e Zeitlang, do kennen mer noch e Runde Kaad schbiele. Obs anschdatt Kaffe a Bier gewe deed, hot de Bimbes gfroocht. Dem Wert kanns recht soi. Un ausgereschnt in dem Moment, wo sich de Karl un de Bimbes wegge emme verlorene Schdisch in die Hoor griggt hänn kummt die Trauergsellschft roi. Ich habb schnell die rumliggende Kaade gschnabbt un hab de Dischduch gradgeleggd , die Biergläser unner de Disch gschdellt un e super teilnehmendes Gsicht gemacht. Des macht mer halt so, wann die Agehöhrische erscheinen.

Die Witwe, wesentlich jinger als de Knodderer, sieht ganz guud aus in ihrm schwarze Koschdümche. Schwarz macht schlank, denk ich un beschließ, demnegschd emol en Besuch beiere zu mache. Na, so e Fraa braucht jo Hilfe in alle Lewenslage. Awwer moi Frieda hot mich ganz misstrauisch ageguggd, awwer ich hab grad so geduu als weer nix.

Am Afang redden alle von dem Verschdorwene un wie lääd des uns alle duud, dasser jetz ned bei uns sitze kann. Oh je es hett grad noch gfehlt, en Gschdorwene bei soim eigene Leicheschmaus.

De Bimbes määnt, so en guude Mensch weerer a widder ned gewesst, schlieslich weerer Fän vun de Nullfünfer aus Määnz gewese wa un so änner kann im Betzeland känn guder Mensch soi.

Zwä Schdiehl weider will moi Frieda jetz ubedingt wisse, wer dann wohl was un wieviel erwe duud. Alldieweil die Wittwe die zwätt Fraa vum Knorrer gewese is un a noch Kinner aus soiner ersche Eh doo weeren. Des geht moi Frieda awwer so was vun ganix a, awwer sie wääs ganz genau, wiemer Schdreid schdifde duud.

Un genau des bassiert. Noch kä zwää Schdund nooch de Beerdeischung un schun is Krieg. Moi Frieda grinst un lehnt sich genisslich zurigg.

E Weil schbeeder kummt noch de Gsangverein, der am Grab des Lied vum guude Kamerad gsunge hott, in de Hoffnung Freibier fer Alle. E halwi Schdund schbeeder werd des Lied vum Brunne vor dem Tore un so e Weilche schbeeder des Lied „Gehmer mol riewer zum Schmitt soiner Fraa" agschdimmt.

Als mer dann noch Himbeereis zum Frieschdigg agschdimmt hänn, hot sich awwer die schwarze Witwe zurickgezooche, woruff dann de ganze Saal „in Minsche shdeht e Hofbräuhaus" plärrt.

Uffm Häämweg määnt moi Frieda, des weer doch en rischdisch scheene Leicheschmaus gewese, des kennt mer ruisch efder mache.

Die Selbschdmörderin

Sie wa des Lewens iwwerdrissisch
Fiehlt sich schun immer iwwerflissisch
Jetz machtse dere Qual e End
Dovorne die Brigg... gugg wie se rennt
Sie grawweld uffs Geländer nuff
Schleggd unne uff die Gläse uff
Un schun kummd de Zuch
Domit net genuch
De Zuch der hotse knapp verfehlt
Weil e Weich noch links geschdellt

Des alles saachtse leicht verschämt
Hab ich heitnacht alles geträämt
Ihrn Mann seggt Fraa hoschd Glick gehatt
Der Zuch fuhr Richtung Schifferschdadt
Weer der noch Neischdadt abgebooche
Het sich die Weich noch rechts veschowe
Muschd halt de Fahrplan gud schdudiere
Kanns negschtmol Dir so ned bassiere

Des Jubiläum

Heid hawwich e klenes Jubiläum. Fuffzeh Johr ligg ich jetz schun zwä Meder unner de Erd.
Mir geht's gut !
Zu verdanke hawwich des moiner Kusine. Korz vor moim Ablewe hottse mer gerode: „ Nemm blos kenn so en billische Sarg, nemm Eiche, des is gsinder !" Un ned blos dodebei bin ich ihrm Rat gfolgt. Schun ganz frieh hotse gemäänt, ich sollt e Patiendeverfiegung mache, do misst drinschdeh, dass ich jo blos ned an so e grässlichi Lewenserhaldungsmaschinerie draghängt werrde deed, dann do misstmer kinschdlich ernährt werre, nix mehr mit Rumschdick , Lewwerworschd un all dem guude Zeigs.
Na ja, ich habmer dann awwer doch käs Sorge mehr mache misse, in de Nacht vum Middwoch uff Dunnerschdaach bin ich friedlich oigschloofe un wie ich morgens wach worre bin, hawwich gemerkt dass ich dood wa.
Ja wie ich dann dood un friedlich in moim Bett gelegge wa, hawwich feschdgschdellt, dass ich viel mehr Besuch griggt hab, als do wie ich krank wa.
Zuerschd hawich mich gfräät, awwer dann simmer Bedenke kumme. Die wollden sicherlich alle blos wisse, ob ich wirklich vun denne gange bin odder

obse was erwe kennden. Gut, e paa vun denne hänn e paa Träncher verdriggt, awwer des hot sich in Mahse ghalde.

Jetz frooch ich Dich mol liewer Leser: Bischd schunnemol im Krankehaus gschdorwe ? Ned ? Des muschd emol erlewe. Dann will ich der mol verzehle, wie des zugeht.

Wann die dort mergen, dass , wie des so schää hääst, zu Ende geht, kummschd entwedder uff de Flur odder im schlimmschde Fall in e Abschdellkammer. Wann sich dann die Leid, die em nochemol sehe wollen vun em verabschied hänn, kummtmer in e Kischd, Deggel druff un ferdisch.

Awwer dann hawwich sletschdemol Audo fahre gederft. Des wa recht feierlich, de Schofför un die zwä Annere hänn extra ihr dunkle Azieg fer mich agezooche. De Änt vun denn hod mich noch gfroocht wos hiegeht, zum Nord-odder Westfriedhof. Mir missden awwer noch en Umweg mache ins Inschdidud, ich missd jo noch gewesche werre. Dodevor hawwich Verschdändnis ghatt, weil ich jo aus naheliggende Gründe nimmi dusche hab kenne. Irgendwer hot Klamodde besorgt. Ich bin in e weisses Hemd oigewiggelt un in mein eigene dunkle Azuchskiddel gschdeggt worre.

De unnere Dääl hännse äfach zugedeggt, dodefor hot sich jo känn Mensche mehr indressiert. Ned emol moi Kusine , die alles annere als zu Lebzeide abgeneigt wa, genau diese Schdelle bei de Männer besonders zu begudachte.

Aschliesend hot mer mich in die Drauerhall gfahre. Do bin ich dann im Schaufenschder ausgschdellt worre, damit all die pa Leid, die mich nochemol sehe wollden, agugge gekennt hawwen.

Newer mir hot en Mann namens Horniggel gelegge. Ich hed mich gern middem unnerhalde, awwer er hot äfach kä Antwort gewwe. Rischdich unhöflich vun dem Kerl. Na ja, am negschde Daach hännsen abgholt un ich hawwen nie mehr gseh.

Rischdich Schbass gemacht hodmer dann die Beerdischung. Selbschd durch de gschlossene Sargdeggel hawwich des midgriggt un hab mich gewunnerd, wie do änner, denn ich ganed gekennt hab, verzehld, was ich fer en guude Mensch gewese weer. Die Lobhudelei is noch zeh Minudde weidergange. Ich hab mich umgedreht, awwer swa känn Annere do. Der hot tatsächlich mich gemäänt. Ja un dann hänn die Leid noch gsunge un zwa des Lied „Lobet den Herrn, ich hab des so inderbrediert, dasse all froh wan, dasser mich, wie der Parrer gsaat hot, zu sich genumme hot.

Friedhofstraatsch

Ich hock im Friedhof gern uff ännere Bank un heer de Leid, die wo do grad ihr Männer giessen un e bissel an de Blumme rumzubben , zu.
Vorgeschdern wa widder so en Daach. Die Frieda un die Hannel waren widder mol iwwer drei Gräwer weg am traatsche.

Frieda mit de erschde geistreiche Frooch:
        Na Hannel, bischd a widder doo ?

Hannel	Hajo, mer muss doch emol widder nooch dem Kerl gugge
Frieda	Ich hab de Meiner grad gegosse
Hannel	Wann die Blumme ned ga so deier weeren, heddischem jo e paa doher gschdellt, verdient hodders jo ned, awwer s`is wegge deLeid
Frieda	Jo, mer derf sich jo ned blamiere, hoscht gseh was die Kaddel fer e Drumm vumme Schdraus hiegschdelld hot ? So e Agewwern, ich mecht wisse, wo die des Geld her hot.

Hannel	A die hot doch jetz änner kennegelernt, der wo Geld hawwe soll
Frieda	Ach Gott ach Gott, wann ichmer des vorschdell. Mir käm kenner mehr ins Neschd. Un dem dann noch die Unnerwesch wesche un die Hemde biggle, nää nää ja ich wisst jo ganed wie mer des aschdelle sollt un des grad do uffm Friedhof.
Hannel	Duumer blos ned so schoiheilisch. Du waatscht doch blos druff, dass änner doherkummt mit de Zott nooch vorne an de Giesskann. Hoschts doch gseh bei de Kaddel, die hot sich e Blus gekaaft mit some Dekoltee. Wann do änner noiguggt, kanner seh, obse neie Schuh ahott.
Frieda	A wie der gseh hot, dassere in ihre enge Hosse dezu noch so en schdramme Hinnere rauswachst, hodder doch drei Woche lange fremdes Grab in de Nochberschaft gegosse un immer dann wie die grad doo wa.
Hannel	Was meiner wohl saache deed, wann

                ich mer nochemol änner angle deed
                Dodebei kichertse e bissel wie so e klää
                Schulmädl
                A der deed jo soga noch im Grab noch
                eifersichtisch werre

Frieda   Geh fort, wie mer hört, hodders doch a ned so genau genumme.

Hannel   Geb nix druff, was die Leid manchmol so verzehlen. Di traatschen doch blos. A, do kummtse jo, die Kaddel. A wie gehders dann, mir hänn grad devun gebabbelt wie Ders so geht.

Frieda   Ja, wie gehders dann?

Kaddel   Des wollt Ihr doch ganed wisse, Ihr zwää Traatschweiwer wie Ihr seid.

Hannel   Hoschd widder en Mann, gell?

Frieda   Wie isser dann so?

Kaddel   Was hääst do, wie isser dann so, was wollenern wisse, schoiheilisch wie Ihr seid

Hannel   Na isser gsund, schdehder noch soin

              Mann wann Du wääscht was ich mään ?

Frieda   **Jo, verzehl emol**

Kaddel   **Des wer ich ausgerehent Eich Zwää uff die Nas binne.**

Frieda   scharfsinnich: **Also net !!!**

So geht's noch e Zeitlang weider. Ich hab mich devun gemacht, des Gebabbel kammer werklich ned länger ahöre.

Die Dande Lissel

Nochher will ich zum Friedhof geh
Die Dand Lissel nochmol seh
Die hännse so schä uffgebahrt
Der dire Sarg is viel zu schad
Fer so e Weibsbild

Kä Mensch trauert um Dande Lissel
Na ja, ihrn Hund vielleicht e bissel
Faschd du ich mich e bissel schäme
Kän Kranz – kä Blumme un kä Träne
Fer so e Weibsbild

Iwwer jeden hotse was gewisst
Un so e Menge Gift verschbritzt
Was hotse gschennt iwwer die Leid
Die hänn kä Luscht un a kä Zeit
Fer so e Weibsbild

So bin ich gan allää herkumme
Hab Abschied vun de Lissel gnumme
Mit dem alde Parrer Schmidt
Warmer in de Hall zu dritt
Mitsamt dem Weibsbild

Warum grad ich des wollder wisse
Nä..s`wa ned moi schlecht Gewisse
Ich wääs ned ob Ihr des verschdeht
Ich wollt sicher soi dasse wirklich geht
Des Weibsbild

Doodesazeige ? So geht's a

S`is jo so, dass jeder gern mol in de Zeidung schdeje duud. Wann dann endlich drinschdehschd kanschdst vielleicht nimmi lese. Dann is do meischdens en schwarze Rand drumrum. Wanns so änner trifft, hääst des jo ned blos dasser dood is, nä des hääst a, dasser kenn Kredit mehr bei de Schbakass griggt. Meischdens sin dann die Leid, die e Doodesazeig uffgewwe duun,e bissel mehr odder wennicher uffgeregt. Vielleicht willmer dem Verschdorwene awwer a e bissel was mit uff de Weg gewwe, mer wääs halt ned.
Wie vor korzem de Brachhubers Karl. Ihr habden vielleicht gekennt, des wa der Alde mid de ganz weisse Hoor. Odder friedhofsblond, wie mer heid saache duud. Allahopp! In de Zeidung hot dann gschdonne, de Karl weer mid hunnerdvier Johr gschdorwe, ausgerechnt dann, wie känner domit gerechent hot.
Odder seller, der kerzlich verschiede wa un soi Kinner, die selbschd schun faschd an de Achtzisch sin, hänn noischreiwe losse:
Unsern Vadder wurde im Alter von hunnerdunä Johr midde aussem Lewe gerisse.

Beime Annere hot gschdanne: Dr Meinhard

Tunichtgut ist im Alter von 93 Jahren verstorben.
Ein sehr pflichtbewusster Mann, der wo alle seine Patienten überlebt hat.

Klor wa des beim Knadder Hansl. Do hot ganz unne, sozusache als PS gschdanne:
Seinen Gläubigern zur Kenntnis, ist er zur Grabstelle 223 im Hauptfriedhof umgezogen.

Wie de Brezelbegger aussem Lewe gschiede is ,hod soi Witwe noischreiwe losse:
Babbische Händ un däägische Finger, was bin ich froh, dass ich se los bin die Dinger

Im Dezember wa der Zusatz zu lese:
All denne die wo ned zu de Beerdischung kumme kennen, winschen mer schääne Woihnachde!

Aussem öffentliche Amtsblatt:
Hunnerdmol hodder de Dood erlebt, mir bedauern den Heimgang unseres Totengräbers

Beime LKW-Fahrer hots gehässe, er wär in de Sackgass ohne Wendeschleife akumme

En ganz liewevoller Nochruf:
Erschd hoscht Du mir moi Herz un Dir dann des Genick gebroche

Bember hennse zuem gsaat

Er wa schun mehr als ewisch bei de Feierwehr. Viel länger schun als wie jeder Annere. Jeden Oisatz isser mitgfahre. Zugewwe, so oft hots a widder ned gebrennt im Dörfl, awwer wann , dann rischdisch ! Die Jingere, also die wo erschd seit ugfehr zwanzisch Johr debei sin , wissen ga ned, wie er hääse duud. Frier hots halt viel mehr Utzname gewwe un er wa halt de Bember. Un jetz isser dood. Plötzlich und irgendwie doch erwartet, hot die Verwandtschaft mitteile losse. Irgendwann im Lewe sauft der sich mol dood, hännse im Dorf gsaat. An dem Owend, wo er nooch em elfde Schobbe vum Schduhl gerutscht is, was aus middem. Soi letschde Worde waren: Is noch was im Glas ?
Wie des bassierd is, wa de Wert am traurigschde, hodder doch änner vun soine beschde Gäschd verlore, obwohl die heidisch Zech noch ned bezahlt wa. E Weil schbeeder is dann de Dokder kumme, hot de Dodesschoi ausgschdellt. Un wi de Bember mit dem Leichewache abgholt wa, hännse in der Werdschaft noch bis zum frihe Morge verzehlt, was de Bember im Lauf seines Lewens alles gedreht hot , bei de Feierwehr un a sunscht.
E halwi Woch schbeder wa dann die Beerdischung.

Uffm Dorf is jo jeder in jedem Verein. So wa de Bember im Gsangverein, bei de Hasezichder, im Fussballverein un sunscht noch iwwerall.

De Musikverein hod mehr schlecht als recht des Lied vum alde Kamerade gschbielt un die jeweilische Vorsitzende hänn all die mehr odder wennicher hinnerlossene Vorzüche vum Bember gewürdicht.

Jetz is jo so e Trauerredd net allzuschwer. Mer braucht jo blos die Redde vun irgenwelche Jubiläe raushole un e bissel ergänze. Des machen die bei grosse Firme un in de Polidig a so.

Awwer ned so beim Vorsitzende vun de Feierwehr. Der hod sich dehääm in voller Montur schdolz vor de Schbiggel gschdellt un soi Redd selbschd vorgelese.

Die hodder jo mehr als guud gfunne, dasser sich schdändisch selwer uff die Schulter gegloppt hot.

Ja, un dann is beim Begräbnis soi grossi Schdund kumme. Der guude Mann hot sich a e bissel um des Hochdeitsche bemieht.

„Liewe Leid", hodder gsaat, „liewe Leid, ich möcht jo ned gern so viele Worte vun mir geben"

Dodebei hodder die, die wo vorher des Wort ergriffe ghabt hänn, vorwurfsvoll ageguggt.

„Liewe Leid, liewer Verschdorwener, heid, des hääst heute nemmen mir nun Abschied von einem alten und langgedienten Feierwehrkameraden."

Er schweigt, um erschdemol soi Worte wirke zu losse. Dodebei schdreift soin Blick die Meiers Kaddel, die selwer nimmi guud heere duud un deshalb besonders laut redd, graad zu ihre Nochberin saacht: „ Um unser aller Hergotswille, hoffentlich babbelder jetz ned widder so langes dummes Zeig".

De Feierwehrhauptmann guggdse verächtlich a un fahrt dann fort: „ Liewer Dooder, Du bischtmer, als ich noch nicht ganz dem Jugenalter entronne, also wie ich en noch ganz junger Kerl wa, mit Deinem Schlauch zur Hand gegangen, hast mir gezeigt, wiemer schbritzt un soin Brand löscht.

Letschderes hoschd Du am beschde gekennt, wann ich das so mal sagen darf. Als Du letschd Woch alleweil vum Schduhl gefallen bischd, hod jo vun uns kenner wisse kenne, dess des zum letschdemol wa.

Als wie Ihr alle wisst, altgediender un allzeit gewissenhafter Feierwehrkamerad, gingst Du immer voran, schdandescht fascht e ganzes Leben lang, uff de owwerschte Schbosse vun unsere Feierwehrläder, also Feuerwehrleiter, die Du jetzt nimmi erklimmen kannst. Niemehr – un des saach ich mid aller der mir ageborene Deutlichkeit, niemehr werschd Du einen Brand durch den vun Dir verursachten Wasserschade widder gutmachen könen. .

Ich habs jo zu Beginn verschbroche, ich werde mich kurzfasse, obwohl ich noch manches Schdiggel vun Dir verzehle kennt."
Er geht en Schritt zurigg , schnappt sich die Schaufel schmeisst de Sand in die Grub un ruft zum Abschied: „ Machd gut in de Höll, die Hitz bischd jo gewehnt"

De Kassier vum Handballverein hod geheilt wie en Schlosshund. De Feierwehrhauptmann hod des gseh un ihn gfroocht: „Mensch, wa ich sooo gut, dassde so heile duuscht."
„Nä", hot de Kassier gsaat, „ mir hänn hald widder en Beitrachszahler wennicher"

Drei Johr

Iwwer drei Johr liggder schun hier
Hot schdändisch an Gewicht verlore
Des Gewimmel un Getier
Kitzelt soi Nas un frisst soi Ohre
Vun owe herd er als Geräusche
Wann vun de Bääm als fallt des Laab
Do laafen vollgefressne Bäuche
Un er liggt unne in soim Grab
Ihn hänn die doch lang vergesse
Nä den braucht heit kenner mehr
Als er noch uff de Welt gewese
Warnse alle hinnerm Erwe her
Jetz wohnder zwä Meder diefer
Im me hablbverfallne Sarg
Do unne werd die Luft jetz miefer
Un um ihn rum is alles karg

En Schbaziergang iwwer de Friedhof

Ab un zu mach ich des emol . Schlieslich will ich mer moin allerletschde Wohnsitz schun zu Lebzeide begudachde. Bis jetz hawwich gemäänt, moi Wohnung mit ca achtzisch Quadratmeder wer deier. Doch im Vergleich is so en Sarg odder e Urn in de Mauer noch viel deirer, wammer die Wohnfkäche betrachde duud. Obwohls doch dort ga kä Newekoschde nimmi koschde duud. Un de Mietvertrach is soga befrischded uff zwanzisch Johr. Kä Telefon, kä Indernet. Un hinnenooch sitz ich widder uff de Schdroos?
Gut, am Afang werren sich e pa Verwandte oifinne un gugge, ob ich a wirklich nimmi uffwach. Un a moi gewesni Fraa un die Kinner werren immer seldener vorbeikumme. Un ich kannse ganimi seh odder mit denne unerhalde. A wann ich a blos korz de Mund uffmache deed, deedemer sofort e paar Grundgrimmelcher noifalle odder Viehzeig noigrawwle. Also hald ich moi Gosch. Obwohl mich genau des zu Lebzeide grosse Iwwerwindung gekoschd het.
Moi gröschdi Sorg is jo, dass ich als Letschder vun moine Aldersgenosse de Weg ins Jenseits adrede duu. A do käm jo känner mehr zu moiner Beerdischung un kenner deed mir die vum frische

Newegraab geklaude Blumme hinnerherschmeisse. Den Gfalle du ich denne net. Nä, ich hab beschlosse, vor denn häuchlerische un schadefrohe Type zu schderwe. Ich möcht höre un sehe, wiese nooch moiner Witwe gradzu gierisch sin. Ich gebs jo zu, vielleicht duu ich e bissel iwwerdreiwe.

Zurigg zu moim Schbziergang. Manche vun denne, die wo do uffm Grabschdää schdehn, hawwich selwer noch gekennt. Grad schdeh ich vor emme ehemalische Schulkamerad. „Er ruht in Gott," schdeht do. Des is gelooche. Der hot seit iwwer emme halwe Johrhunerd kenn Parrer mehr gseh ghat. Awwer sowas liest sich immer gut un garandiert en traurische Blick des Betrachters.
Soi ehemalischi Newenausfreundin schdellt ab un zu mol ganz verschdohle e Blimmelche in die Vas.

Des Newedragrab is mit änner ganze Platt bedeggt. Do misst jo dann eigentlich druffschdeh „ Zur Verhinderung der Auferstehung."

E Schdiggel weider erregen die amme Brunne hängende Gießkanne moi Uffmerksamkeit. Manche sin mit ännere Kett un emme Schloss abgsichert. Wahrscheinlich hänn die Lewende Angshd, dass die Doode die Kanne ausdauschen.

Langsam versammeld sich do vorne an de Trauerhall e Trauergemeinde. Wann der Doode e bekanndi Persönlichkeit wa, kummen en Haufe Leid. Un heid kummt so Änner. En weid iwwer soi Heomatdörfel enaus bekannder Polidigger. Der werd dann denne in de Hall versammelde Awesende in ämme reichlich verzierde Eichesaag als letschdi Behausung präsendiert. Soi Witwe hot uffm Eichesaag beschdanne. Der wär gsünder als änner aus Fichte, hotse de Leid verzehlt.

Ganz egal, ob polidischer Freund , newebei bemerkt, des sin alleweil die Schlimmschde, den Verschdorwene nadierlich iwwer alles lobt, a soi polidische Gegner zollen ihm Reschbeggd.

Ich hab genuch un mach dass ich häm kumm un treff zu allem Pech a noch die Millern: „Ich schdell moim Mann grad noch e paa Blimmelcher uffs Grab, die hodder jo immer so gern ghat."

So wie ich den gekennt hab, werenem e pa Pils viel liewer.

Un uffm Hämweg is mer dann en Schbruch oigfalle, den ich mol im Urlaub in Kramsach gelese hab.

Hier ruht der Brugger aus Leichleithem
Er starb an einem Blasenleiden
Er war schon eh ein schlechter Brunzer
Drum bet für ihn ein Vaterunser.

Daaschesmeldunge

Dauernd un iwwerall heertmer jo im Radio Verkehrsmeldunge. Geschdern hod die Fraa im Radio widder verzehlt, zwische dem Ort Sounso un Sounso kummt em en Geischderfahrer entgege. Mer sollt äusserst rechts fahre un ned iwwerhole. A, ich glabb, die hotse nimmi all, ich hab moi Lebdaach noch känn Geischderfahrer iwwerholt.

E Weil schbeeder hotse sich dann nochemol gemeld un gsaat: „Der Falschfahrer hat sich erledigt".

In de dann noch Nachrichde hännse verzehlt, in Hinnerdingsbums weer en Dachdegger vumme Trakdor iwwerfahre worre. Was lerne mer do draus? Neddemol uffm Dach bisccht mehr sicher.

Ja un im Hunsrigg imme Dorf weer schun finf Johr kenner mehr gschdorwe. Mit änerre Ausnahm: De Doodegräwer weer verhungert.

Sein letschder Wille –
sein ledschde Schbaß

Dunkle Gschalde , Weiblein und Männlein , einische gemessenen Schrittes, annere in faschd peinlicher Eile, weilse so noch en guude Platz in de Trauerhall vewische wollen, um dann dem Verschdorwene die letzte Ehre zu erweisen, wie des so schä hääst.
Verdient hodder die Ehre ned. Viel Leid hodder in rücksichtloser Weise um Hab un Gut gebrocht. Zu Lebzeide hodder behaupt, er kennt iwwer Leiche geh, wann ihm jemand was Urechtes nochsaache kennt. Vun noochweise wa kä Redd. Jetz isser selbscht e Leich un kann doher kä Eifluss mehr nemme. Sollt mer määne, gell ? Weit gfehlt ! E erbarmungloses Gezänk um des enorme Vermöge solld sich noch johrelang hiezieh. Genau des hodder sich gewinscht. Dementschbrechend hodder soi Teschdament a so gschickt verfasst, dasses faschd vun alle Beteeilischde agfochde werre kann. Noch im Agsicht vun soim Dood hodder e hässlichi Fratz gezooche, wie er sich die Gsichter vun soine Erwe vorgschdellt hot.
Soi drei Ehefraue zu beobachde wars schun wert, dass mer hiegange is.

Die Lisbeth, also die Elise, hotter seit schun zwäedreischisch Johr vorher geheirat ghabt. Die Zwää hänn sehr gut zuenanner gebassd. Sie wolld Geld..un er hots ghatt. Vun de Lieb wa do selde die Redd. So wiese grad gewollt hänn, sinse mol do unne mol do newenaus gange. Die Lisbeth wa e ausnehmend schääni Fraa., die ihn a ganz schää ausgenumme hot. Sie hot sich a in Gesellschaft gut benemme kenne. Sie hoddem a niemols noigeredd.
Fer ihn wa sie soi Vorzeigemodel. Sie hot gewisst, wiese bei de Leid gut akummt un wiese sich fer die Männer begehrlich mache gekennt hot.
Zeh Johr wa sie die Vorzeigedaam. Bis die Clarissa kumme is.
Clarisssa hot amol „NÄÄ" gsaat, des warer so was vun iwwerhaupt ned gewehnt.
Bis jetz hoddder jedi, die er gewollt hot, ins Bett griggt. Diesmol hodder Pech ghabt. Zuerscht warer gekränkt, schdinksauer. Des wollder ned uff sich sitze losse. Awwer a de negschde Versuch is denewe gange. Awwer so schnell gibt unsern Held jetz doch ned uff. Wer warer dann ? Sowas konntmer mit ihm ned mache! Mit ihm net !!!
Er hot agfange, sie zu verwehne un sie hot keinerlei Hemmunge ghatt, soi grossziegische Gschenke azunemme. Am Afang hodder des alles als Schbielerei empfunne, doch langsam isser ugeduldisch worre, ja schun e bissel zornich. Sie

hot agedeit, gezögert, hot so gedu als deedse ball soim Charme unerligge. Doch er hot mache kenne wasser gewollt hot un dann letzschtendlich hodder unnerwürfisch gewinselt.
Genau dodruf hotse gewaht, die Clarissa.
Sie hodden zu sich häm oigelaade, hodden imme faschd durchsischdische Gewand empfange. Des Owwerdeel hotse schdramm un ihrn Buse richtisch zur Geltung kummend hochgebunne un an ihrm lange Hals verknotet ghatt. Ihr Bä hoddmer mehr als erahne kenne im abgedunkelte Licht.
Dodebei hotsem ganz dief in soi Aache geguggt.
Do hodder schunemol e bissel iwwerleggt, wie er de Ausdruck vun ihre Aache deute soll un er hot gemähnt, ebbes Drohendes zu entdecke. Sie is uff ihn zugange bisse uffrecht vor ihm gschdanne is. Dann hottse e Büchel Hoor gschnappt un hottem de Kopp noch hinne geboche un ihn an de Hoor zum Disch gschlebbt. Er wa nimmi er selbschd, hot sich iwwerhaupt net gewehrt. Clarissa hodden vun soim Sakko befreit, dann hotse soi Krawatt un soi Hemd vun de Bruscht gerisse, hodden rickwärts uff de Disch gschmisse un is iwwer ihn hergfalle. Brutal un wild. Die Fingernäggel hottse in soin Owerkörwer gekrallt. Sie hot wie wild so äfach weidergemacht. Sie hot a ned uffghert, alser schun gewinselt hot, die sollde doch uffhere. Un als sie genuch ghatt hot, hot sie den total erschöpfte Kerl

äfach vum Disch gschmisse. Soe hodden dann äfach ligge losse un is ausem Raum verschwunde.
Langsam, sehr langsam isser uffgschdane, hot sich noch e pamool am Disch feschdghalde un is dann im Bad verschwunde..

Ab jetz, warer der Clarissa ausgeliffert. Er wa fasziniert, ageekeld, unnerwürfisch, korz: er wa ihr ausgeliffert. Vun de Lisbeth hodder sich scheide losse.
Jetz warer schun iwwer fuffzisch, do hodder die Monika kennegelernt. Die Moni wa um die fimpfezwanzisch, hübsch un intelligent, grad ferdisch middem Schdudium. Sie wollt Karriere mache un hot änner gebraucht, derere dodebei hilft.
Un sie hod Geld gebraucht. Un wo werd e solchi Fraa fündisch ? Na klar, bei emme Mann. Beime Mann iwwer fuffzisch.
Wasse dodefor du muss, wa ihr klar, des hoddse oigeplant. Jetz waadse blos noch uff de rischdiche Moment. Un der is kumme. Unsern Freund, wammern emol so nenne wollen, is mid e paa Herre nooch ännere Sitzun in die Hotelbar zu emme Absagger kumme. Un dann des gleiche Schema wie immer. Zuerschd hawwen sich die Männer ganz entschbannt unnerhalde, henn e bissel wennicher un viel mehr a e bissel mehr

gedrunke, sin in Schdimmung kumme un lossen dann die Aache schweife. Noch dem Moddo: Ebbes geht immer. Die Dame un Dämelcher vor un hinner de Thek, kennen des Schbielche. Mer wa no ned in ännere billsche Abschdeige, sondern imme erschdklassische Haus.
Dementsprechend a die Dame. Die Blicke vun unserm Held un Moni henn sich gedroffe. Bald hodmer sich zusamme amme klenne Disch zusammegfunne. Er hot sich ned allzulang bemiehe misse. Sie wa sehr entgegekummend, lieb un aschmiegsam. Befürchtunge brauchte känni zu hawwe. Ihr Benehme wa einwandfrei. Soi zwätti Fraa Clarisse, vun der er sich langsam entwöhnt ghabbt hot, is grosszügisch abgfunne worre.
Jetz hodder die Moni geheirat.
Vertraglich is vereinbart worre, dass sie ohne Abfindung odder so gschiedene Leid weren, wann sie sich mid emme annere Mann oilosse deed. Er wa schließlich faschd dreisisch Johr älder. Offiziell hodder mit soine drei Ehefraue kä Kinner ghatt.

Jetz warer dood. Er hots gscbbiert, dasses langsam zu End geht. Un deswege sorgder jetz devor, dasser uff längere Zeit ned vergesse werre deed.
Zuneggschd lhodder sich vun Moni scheide gelosst, sie is halt mehrere ausserehelische Beziehunge beschuldischd worre, obwohl des ned gschdimmt

hot. Dann hodder de letschte Akt oigfädelt.

Er hot zur gleiche Zeit drei gleichlautende Teschdamende uffgsetzt un bei drei verschiedene Awält hinnerleggt. Gleizeidisch hodder soi ehemalische Gattine wisse losse, dass sie die Alleinerbin weer.

Jetz hänn dann bei de Beerdischung die Fraue newenanner in de erschde Reih gschdonne. Wies bei so Leid ieblich is, herschde e gschbielde Herzlichkeit unnerenanner. Jedi vun denne hot gedenkt, wann die anner blos wissden, dass ich die Allleinerbin bin, deedense ned so freundlch gugge.

Dasse sich gedeicht hawwen, hawwense erschd schbeeder erfahre. Wie vun dem Kerl vorausgsehe, hots en johrelanger Rechtsstreit gewwe.

Wie hod de Parrer in soiner Trauerrede gsaat?

„Der Verschdorwene wird uns noch lang in Erinnerung bleiwe."

Er sollt Recht behalde.

Mol e bissel rhoilännisch gefällisch ?

Mir hänn mol vor e pa Johr e Buch zamme gschriwwe. "Hermann und Frieda – Wetterbericht einer Ehe- hot des gehääse. Un weil ich des Mädche so gud leide kann, derfse sich mid emme Gedicht hier verewische. Gerlinde Korstick häästse.

Hüt wor ich im Dörp ob de Trauerfeier
Von dem fiese Möpp, dem Pitter Meier
Dä wor he in jede Verein, ä läwelang
Bei de Schütze, de Duwe, beim Jesang De
Sangesbröder hant ä Lied jesunge
Do sin dann de Schütze uffjesprunge
Un stande dann zickizackisch Spalier
Dä Rest truch dä Sarch dürk de Dür
Et jing dat af, hin zu die Grabesstelle
Dä Pastor Schmitt wor schon zur Stelle
Wat dä Pitter ne feine Minsch is jewäse
Dat hat ich och en de Anzeisch jeläse

Unger uns, dä Pitter dat wor ne fiese Möpp
Zu Hus hatten die sich sich immer an de Köpp
Un överhaupt, dat wor ne rischtije fiese Despot
Jetzt, is nix mi von wahr, nur weil dä jetz dot
Na jut, he ist fot un jetz jibbet Kriech um da Hoff
Die hatte en de Kneip ne schon janz schöne Zoff
Et wor wie bei RTL, nur he bisse direkt mit dabei
Un im Dörp hand mir jetzt jet zu verzelle

Gell des is schäääääääää !!!

Schdandhaft

Knorrisch, erdverbunne, mid soiner Heimat verworzelt. So verworzelt, dasser ned ämol was anneres gseh hot, als soi umittelbare Umgewung

So manchesmol blos, wanner de Vöggelcher zugeguggt hot, ja do hedder vielleicht a e bissel Sehnsucht ghat, mol was Anneres zu seh. Awwer sis halt ned gange. An die Hunnerd werder jetz schun. E paa vun soine Nochben sin noch doo , awwer a nimmi all. Un jetz wääser, dasser ball schderwe muss. Wann genau, des wääser ned. Blos dasser, des wääser. Seit geschdern wäss er des. De Dood issem nix fremdes. Er hod jo schun Etliche schderwe seh in seiner Umgewung. A welche, die noch ned so lang uff de Erd waren, wie er selwer.

Jetz hodder noch e bissel Zeit, sich zurickzuerinnere. Er määnt soga, dasser noch wääs wie er uff die Erd kumme is. Ned genau nää...awwer irgendwie , wie so en Sämling halt. Zu soim Glick hännse vun Afang sehr guud uffen uffgebasst. Als Kinnergidder sozusaache, en Laufschdall hotmers jo ned nenne kene, hotmer zu soim Schutz e Drohtgschdell um ihn rumgemacht. Desdewege, dass ned irgendwas an ihm rumknabbert. Soin Kinnergaade wa midde in de Nadur. Un wie er dann langsam grösser worre is, hodders allererschemol mid denne Mensche Bekanntschaft gemacht. Do sin zwä vundere Sort kumme, hänn sich ganz komisch an ihn gedriggt, dann hod de Änd e Messer aus de Dasch gholt un hot jo wirklich e Herz in sein Körwer gschnitzt. Guudmiedisch wie er wa, hodder sich des gfalle losse. Un weiler sich ned gewehrt hot, hod der mit dem Messer sogar a noch die Name ins Herz gschriwwe. So mit de Zeit im Lauf soines Lewens hodder noch mehr Leid vun de Menschesort kennegelernt.

Die äne sin achtlos annem vorbeigeloffe, annere widder hänn fröhlich gsunge, e paamol hänn sich Leid an soi Fiess gsetzt un hänn irgendwas aus emme Behälder, den wo die Menche Rucksack genennt hänn, was zu esse un zu trinke rausgholt. Die Meischde hänn nix hinnerlosse, deshalb hoddem des nix ausgemacht. Die Vegelcher un annere klänne Waldbewohner hänn dann die Krümelcher uffgepickt. Shot awwer a annere gewwe. Die hänn Lewewese debeighabt, die hän nix anneres zu du ghat, als an sein Schdamm zu pinkle. Dann sin noch annere kumme, die hänn do dra gschnubbert un dezu gepinkelt. Manchmol hänn a Mensche des gemacht. Ohne vorher zu schnubbere. Awwer grössere Portione. Am schlimmschde waren die, die wo Papier debei ghatt hänn. Die hänn ihr Hinnerlasseschafte massehaft dogelosst un wammer Besch ghat hot, hot mer des noch schdunnelang rieche höre. Ääns hot unsern Freund devun gelernt. Do wos des Babier liggt is beime Bahm hinne.

Mit de Zeit isser grösser worre, er hod de blaue Himmel un die Sunn gseh , er wolld wachse bis dort nuff. Ganz gschafft hodders ned. Un wie als die Daache kerzer worre sin, hodder soi Blädder uff de Bode falle losse, damit er besser nooch owwer gugge gekennt hot. Wie die Sunn widder friehr kumme is, hodder sich gfräät sodass lauder klänne griene Bläddelcher an soine Äschd gewachse sin. Besuch hodder a öfter griggt. Do hot so en Voggel mit soim Schnawwel wie wild e Loch in de Schdamm geglobbt, annerre Veggelcher hänn emol e Neschd gebaut. Nä, lamgweilisch warem des ned, do wo er gelebt hot. Wie soin Nochber mol krank worre is, hodder soi Worzle zu dem hiegschdreggt, grad so als wollderm helfe. De Waldförschder Peter Wohleben hod e Buch do driwwer gschriwwe. „Das geheime Leben der Bäume" hässt des.

Ja, so is Johr um Johr vergange, immer im gleiche zeitliche Ablauf. Summer wie Winder. Un dann sinse kumme: De Förschder, e paa Leid, di er gekennt hot, weilse schun öfder in soiner Näh uffgetaucht waren. Er wääs ned genau, owwer en roode Schdrich odder Punkt griggt hot, awwer er wääs genau, dass des soin Dood bedeit. Un jetz waad er geduldisch bis ses soweit is.

An so emme Beischbiel solldemer seh, wie schää un werdvoll unser Bäm, unsern Wald un unsere Plantze sin. Es bissel mehr Achdung heddense verdient.

Im Gegesatz zum Mensche werrense a noch nooch ihrm Dood noch gebraucht. Des guude Bahmholz werd noch weiderverarbeid, kummt vielleicht soga in unser Wohnung, annere Schdämm werren absichtlich im Wald ligge gelost, dasse sich zurickbilde kenne zum Wohl des Waldbodens, der Umgewung un de Tiere.

Leid bei Eierm negschde Schbaziergan odder bei Eire negschde Wanderung, bleibt mol schdeh an so em Baam. Er isses wert beacht zu werre.

Moi Beerdischung

Endlich is de Deggel zu
Ich ligg im Sarg un hab moi Ruh
Drausse hör ich se schnattre un geifern
Sich iwwer des und sell ereifern
Blos iwwer mich als Hauptperon
Hör ich absolut känn Ton
Plötzlich werr ich hochgewoowe
Middem Karre bis zum Grab hiegschowe
Hinner mir die ganze Schar
Die zum Begräbnis kumme war
Un vorneweg wie Don Quichott
E schwarzi Gschdald im gleiche Trott
Uff ämol bleiwen alle schdeh
Ich kann des durch die Ritze seh
Ich wääs net ob des is wies scheint
Wie moi Weib schdill um mich greint
Mir wurd im Lewe schun bald klar
Was des fer en Drache war

Dann schbricht de Vorschdand vum Verein

Ich hör ihn guud in moinem Schrein

En guuder Kerl des missder wisse

Mir werren ihn wohl sehr vermisse

Un froocht moi Fraa ganz newebei

Wo noochher dann der Umtrunk soi

Dann schbielt a noch die Bloskapell

Ab jetz geh talles ziemlich schnell

Ich fahr enunner in die Grub

Ab jetz is des moi guudi Schdubb

Noch ehe mich die Wermer fresseBin ich do owwe schun vergesse

Un zum Schluss noch en Korzkrimi
De dritte Sarg

Irgendwo musse sie ligge. Wer ?
Die Leich nadirlich. Die Leich ist oder war e „SIE" SIE wa moi erschdi Jugendlieb. Vor weid mehr als vor emme halwe Johrhunnerd. Während ehme Danzkurs hawwisch se kennegelernt. Des wa die Zeit, wo die Herre die Damen mid denne se zuletscht gedanzt hawwen a häämbrimge gemisst hänn. Die Mädelcher waren hibsch un uffm Hämweg so e bisssel verschämt awwer noch viel mehr neigierisch aschmiegsam. Un dann wa ich plötzlich ganz mudisch un hab de Arm um ihr Schulder geleggt, weilse doch so geziddert hot, weilsere kalt wa. Hotse gsaat... Zu weidere Intimitäte isses ned kumme Ich wa ihr wohl zu schichtern, am neggschde Danzowend hotses dann vermiede, mit mir als Letschder zu danze.
Somit war ich se also los. Un des hot mich gfuxt. Warum? Ich hab mich verliebt ghabt. Na ja, sowas was mer in de Buberdääderadääd devor halde duud.
Noch zwää.dreimol während de neggschde Johre simmer uns iwwer de Weg geloffe.
Guuden Daach odder Hallo wie geht's . Mehr net !

Un doch wa do bei mir ebbes, wie wann so e bissel was gegribblt hett.

Geschdern hawwisch beim Durchblädddere vun de Daacheszeitung a die Leid bemerkt, die wo mid emme schwarze Rand umgewwe, namentlich erwähnt waren. Dodebei die unvermeidliche Texde wie moi herzensguudi Fraa , odder unsere liewe Muddi. Na ja, des dirft jo bekannt soi. Un middedrin hot ihrn Name gschdanne.
Ich hab des uwidderschdehliche Gfiel ghabt, dass isch se noch ubedingt emil sehe wollt. Falsch: net woll sondern misst !
Ich hab mich nooch Oibruch vun de Nacht in die klä Hall, wo die Verschdorwene „gelaachert" waren, gschliche. Die Dier wa ned verschlosse. Bei denne Leid dortdrin beschdeht jo kä Fluchtgefahr.
Do hänn drei Särg dringschdonne. Mit ännere klänne Daschelamp in de linke, hawwisch mid de rechde Hand de Deggel langsam hoochkowe.
Liewer Leser, liebe Leserin, waren Sie schunnemol nachts allä in ännere Leichehall? Nää net ? Des hawwischmer faschd gedenkt. Alsozuwohl wa mir a ned. Obwohl... so ganz allä wa ich jo ned. Die in de Särg waren jo anoch do.
Ich hab also den Deggel ganz uffgemacht, En e bissel blasse, wie mer erschiene is, an e bissel arg blasse Mann hod mir entgegegeguckt. Na ja, des is

jetz e bissel iwwerdriwwe, awwer ich hab hald des Gfiehl ghabt. Awwer ich hawwn gekennt. In ännere ländliche Gegend kennt jeder jeden, owwer dood is odder net. Der do wa de alde Krause, der wa mol Gärtner, Küster, Fernfahrer un was wääs ich noch alles.
In de zwätt Kischd hod unsern alde Parrer gelegge. So friedlich wie er schun zu Lebzeide wa.
Der hod in soim lange Lewe schun soviel Beerdischunge hinner sich gebrocht, blos soi eigine, die warem nimmi vergönnt. Ich bin sicher, der hedd sich selwer mit Recht als güdischer Mensch gepriese. Wie ichn ageguggt hab in soim Sarg isses mir vorkumme, als deeder lächle.

Moi Herz hot gekloppt wie verrickt, wie ich den dritte Sarg uffgemacht hab. Des musses jetz soi, hawwisch gedenkt. Wie werdsen jetz ausseh, ich hab immernoch des allerliebschde Gsicht zu ihre Lebzeide vorgschdellt, was hotsen a im Sarg, vielleicht des gebliemde Klääd, was ich so in Erinnerung hab ? Un ihr viele Hoor, hängenerre die immernoch so dief ins Gsicht. Waren ihr einschdmools roode Libbe vielleicht änner Blässe gewische ? Un hotmer ihr Händ iwwer ihre wohlgformde Bruschd zusammegfalde?
Ich habs kaum gewaacht, en Blick in die vun der Schreinerei und Sargmacherei Hobel und Söhne

kunschdvoll verarbeidede Liegeschdädde zu werfe, bevor ich die Daschelamp agemacht hab, hawisch mirse noch emol vorgschdellt in junge Johre . Ich hab mich erinnerd als ich ihr beim letschde gemeinsame Tango uff die Fiess getrede bin weil ich de Wiegeschritt ned hiegriggt hab. Ja un als ich de langsame Walzer mit dem linke Fuss vorwärts agfange un de Foxtrott mit de Rumba verwechselt hab.

E letschdes Mol wolld ich ihr ins Antltz gugge. Vielleicht soga ihr Gsicht beriere. Zart, ganz zart.

Ämol wollt ich des Gfiel hawwe, SIE geheert mir fer e pa Minudde ganz alää.

E Handbreit hatt ich de Sargdeggel aghowe, hab allen Mut zusammegenumme, hab ganz uffgemacht un ….bin dodal erschdarrt. Der Sarg wa leer. Leerer konnder ganed soi.

Plötzlich ging des Licht a in de Hall. Ned besonders hell, Schbalambe wahrscheinlich, issmes durch de Kopp gange.

Vor mir hod de Doodegräwer gschdanne un hot schallend gelacht. „Uff Dich hawwisch gewaat, johrelang hämmer Krach mitnanner ghatt, immer hoscshd Du alles besser wisse wolle, hoschd mich iwwerall schlecht gemacht. Jetz is Schluss domit".

Er hot so e Art Klappschbaadde hinner soim Rigge vorgeholt un mir mehrmols iwwer de Kopp gezooche. Aus wars. Ned fer ihn, awwer fer mich !

Er hot mich in de leere Sarg verfracht, Deckel druff, aus die Maus.

Kä Grab, känn Schdää, kä Kreiz, kä Blumme erinnern an mich- Schdill un anonym dös ich en Meder unner de Erd vor mich hie.
Bis in alle Ewichkeit, wann mich ned vorher die Wermer fressen.

Achso un nochwas: De Doodegräwer hotmer noch verzeelt, dass die, an die ich so oft gedenkt hab, uffm Nordfiedhof ligge deed.

Wer des do alles gschriwwe hot?

De Wolfgang Käser, ä Johr vor soim 80. Geburtsdaach, lebhaft ja un immernoch in Ludwigshafe.

Des negschde „Werg" kummt a ball. DeTitel kammer sich schun evormerge:

Dummgebabbelt is glei

Un e Hömpäätsch hawwich a
http://kaeserkorstick.jimdo.com/
liewevoll gepflegt vun Gerlinde Korstick